UN POCO DE HISTORIA

San Judas Tadeo fue primo de Jesús por partida doble. Su padre, Alfeo Cleofás, era hermano de José. Y su madre, Miriam Antera, era prima hermana de María. Judas es también hermano de Santiago el menor y fue, junto con él, uno de los doce apóstoles de Cristo.

Judas Tadeo nació en Caná. Su infancia y adolescencia transcurrieron cercanas a Jesús y cuando éste comenzó a predicar, Judas Tadeo abandonó sus labores para seguir a su primo en la nueva doctrina de amor a Dios.

Tras la muerte de Jesús, Judas Tadeo fue a Libia en labor evangelizadora por diez años. Más tarde, regresó a Jerusalén al concilio de los apóstoles, tras lo cual fue con Simón a evangelizar Mesopotamia, donde se dice que logró más de 100,000 conversiones. En la ciudad de Suanis, en Persia, fue martirizado por negarse a abandonar la fe. Su fiesta se festeja el 28 de octubre.

Judas Tadeo es autor de la Epístola de Judas, que está incluida en el Nuevo Testamento. La epístola advierte contra los criterios mundanos, la soberbia, los falsos aduladores y los falsos profetas. La propuesta de Judas Tadeo es construir un edificio espiritual en la vida, por medio de la fe, el amor a Dios, la esperanza y la oración.

Finalmente, Judas es reconocido como el campeón de las causas desesperadas, el santo que más rápida y efectivamente ayuda cuando el mundo parece caérsenos encima.

MILAGRO

Cuenta Leticia, de Monterrey, México, que cuando su segundo hijo tenía apenas cinco meses de nacido, comenzó a sentir señales de un nuevo embarazo. Ella no quería quedar embarazada tan pronto y por eso se resistía a visitar al médico. Cuando por fin lo hizo, el galeno confirmó que tenía dos meses de embarazo.

En la revisión encontraron un problema. El tamaño del bebé era apenas como si tuviera cuatro semanas. La mitad del tamaño que debía tener. El diagnóstico fue un embarazo suspendido, o, lo que es lo mismo, un niño muerto. Leticia lloró mucho, arrepentida de no haber querido a la criatura desde el primer instante. ¿Qué importaban los aprietos económicos ante la vida de un nuevo ser?

Entonces una vecina le dijo que pidiera ayuda a San Judas Tadeo. Leticia rezó por la intercesión del poderoso santo. Al día siguiente le tocaba hacerse un ultrasonido para confirmar el diagnóstico malo. En cambio, la imagen comprobó que el bebé se movía perfectamente dentro de su vientre. El bebé recuperó peso, nació sano. A la fecha es un adulto.

ORACIÓN DIARIA

Querido santo, San Judas, para ti no hay imposibles, para ti las causas duras son por poco rebatibles. Eres, santo adorado, el campeón de la esperanza, cuando el caso es difícil es tu mano la que alcanza. Yo por eso en ti confío, por eso yo pido tu ayuda. Cuando llega el desespero es trabajo de San Judas.

HAGA SU PETICIÓN

Aquí estoy hincado a tus pies.

Con la luz de tus quinqués que no tienen comparación alumbra a este humilde feligrés que viene a hacerte esta petición.

Te ruego con todo mi corazón me concedas... (Se hace la petición)

Esto es un asunto de interés te suplico tu atención me des. Concédeme lo que te pido en esta ocasión y con tu divina protección me ayudes, para que seas tú siempre mi salvación.

Padre Nuestro, que estás en el cielo, santificado sea tu nombre; venga a nosotros tu reino; hágase tu voluntad, en la tierra como en el cielo. Danos hoy nuestro pan de cada día; perdona nuestras ofensas, como también nosotros perdonamos a los que nos ofenden; no nos dejes caer en la tentación, y líbranos del mal. Amén.

Dios te salve, María, llena eres de gracia, el Señor es contigo. Bendita tú eres entre todas las mujeres, y bendito es el fruto de tu vientre: Jesús. Santa María, Madre de Dios, ruega por nosotros, pecadores, ahora y en la hora de nuestra muerte. Amén.

Gloria al Padre, al Hijo y al Espíritu Santo. Como era en el principio, ahora y siempre, por los siglos de los siglos. Amén.

PRIMER DÍA

Querido Judas Tadeo, tú que desde el cielo cuidas que las causas imposibles contigo no sean perdidas. A ti hoy dirijo mi voz en busca de salvamento, escucha mi corazón, concédeme lo que pienso. Que no es ligera mi ofrenda porque no es poca la causa, yo juro retribuir todos los días, sin pausa. Con virtud yo obraré, ayudaré con alegría. Tu ejemplo yo seguiré como a quien estrellas guían.

Padre Nuestro, que estás en el cielo, santificado sea tu nombre; venga a nosotros tu reino; hágase tu voluntad, en la tierra como en el cielo. Danos hoy nuestro pan de cada día; perdona nuestras ofensas, como también nosotros perdonamos a los que nos ofenden; no nos dejes caer en la tentación, y líbranos del mal. Amén.

8

Dios te salve, María, llena eres de gracia, el Señor es contigo. Bendita tú eres entre todas las mujeres, y bendito es el fruto de tu vientre: Jesús. Santa María, Madre de Dios, ruega por nosotros, pecadores, ahora y en la hora de nuestra muerte. Amén.

Gloria al Padre, al Hijo y al Espíritu Santo. Como era en el principio, ahora y siempre, por los siglos de los siglos. Amén.

SEGUNDO DÍA

Querido Judas Tadeo, tú que desde el cielo cuidas que las causas imposibles contigo no sean perdidas. Sigue girando el reloj, se me viene el tiempo encima y necesito tu luz para encontrar la salida. Tú sabes lo que deseo, mi alma grita el motivo y necesita tu apoyo para verse al fin cumplido. Por adverso que sea el tiempo, por difícil la querella, hasta la noche es el día cuando se mira tu estrella.

Padre Nuestro, que estás en el cielo, santificado sea tu nombre; venga a nosotros tu reino; hágase tu voluntad, en la tierra como en el cielo. Danos hoy nuestro pan de cada día; perdona nuestras ofensas, como también nosotros perdonamos a los que nos ofenden; no nos dejes caer en la tentación, y líbranos del mal. Amén.

10

Dios te salve, María, llena eres de gracia, el Señor es contigo. Bendita tú eres entre todas las mujeres, y bendito es el fruto de tu vientre: Jesús. Santa María, Madre de Dios, ruega por nosotros, pecadores, ahora y en la hora de nuestra muerte. Amén.

Gloria al Padre, al Hijo y al Espíritu Santo. Como era en el principio, ahora y siempre, por los siglos de los siglos. Amén.

11

TERCER DÍA

Querido Judas Tadeo, tú que desde el cielo cuidas que las causas imposibles contigo no sean perdidas. Hoy una cosa te pido, una, y con eso basta, que lo demás seguirá, como a la lluvia la calma. No permitas que la angustia anegue mi corazón, que cuando mi marcha siga, ciencia dará el tropezón. Intercede por favor, cambia el curso de los hechos, que de grandes amenazas haya efectos de provecho.

Padre Nuestro, que estás en el cielo, santificado sea tu nombre; venga a nosotros tu reino; hágase tu voluntad, en la tierra como en el cielo. Danos hoy nuestro pan de cada día; perdona nuestras ofensas, como también nosotros perdonamos a los que nos ofenden; no nos dejes caer en la tentación, y líbranos del mal. Amén.

12

Dios te salve, María, llena eres de gracia, el Señor es contigo. Bendita tú eres entre todas las mujeres, y bendito es el fruto de tu vientre: Jesús. Santa María, Madre de Dios, ruega por nosotros, pecadores, ahora y en la hora de nuestra muerte. Amén.

Gloria al Padre, al Hijo y al Espíritu Santo. Como era en el principio, ahora y siempre, por los siglos de los siglos. Amén.

CUARTO DÍA

Querido Judas Tadeo, tú que desde el cielo cuidas que las causas imposibles contigo no sean perdidas. Que no es raro sentir, siendo yo un simple humano, que en el mundo de revés acontece el desamparo. Hoy me faltan los recursos, mi fuerza no está completa, por eso pido el milagro para llegar a la meta. Ya sabes lo que te pido, te lo he dicho en secreto, acompaña mi oración como al canto el sentimiento.

Padre Nuestro, que estás en el cielo, santificado sea tu nombre; venga a nosotros tu reino; hágase tu voluntad, en la tierra como en el cielo. Danos hoy nuestro pan de cada día; perdona nuestras ofensas, como también nosotros perdonamos a los que nos ofenden; no nos dejes caer en la tentación, y líbranos

14

del mal. Amén.

Dios te salve, María, llena eres de gracia, el Señor es contigo. Bendita tú eres entre todas las mujeres, y bendito es el fruto de tu vientre: Jesús. Santa María, Madre de Dios, ruega por nosotros, pecadores, ahora y en la hora de nuestra muerte. Amén.

Gloria al Padre, al Hijo y al Espíritu Santo. Como era en el principio, ahora y siempre, por los siglos de los siglos. Amén.

QUINTO DÍA

Querido Judas Tadeo, tú que desde el cielo cuidas que las causas imposibles contigo no sean perdidas. Hay en mi pecho tormenta que conlleva agonía, y yo trato de calmarme, de salir de la crujía. En tus manos yo me pongo, tú eres muy poderoso, y mi pecho voy calmando, que se entibie, luminoso. Ya siento adentro tu luz, tu presencia acontece, y la angustia hace agua cuando tú te apareces.

Padre Nuestro, que estás en el cielo, santificado sea tu nombre; venga a nosotros tu reino; hágase tu voluntad, en la tierra como en el cielo. Danos hoy nuestro pan de cada día; perdona nuestras ofensas, como también nosotros perdonamos a los que nos ofenden; no nos dejes caer en la tentación, y líbranos del mal. Amén.

Dios te salve, María, lle-na eres de gracia, el Señor es contigo. Bendita tú eres entre todas las mu-jeres, y bendito es el fruto de tu vientre: Jesús. Santa María, Madre de Dios, rue-ga por nosotros, pecado-res, ahora y en la hora de nuestra muerte. Amén.

Gloria al Padre, al Hijo y al Espíritu Santo. Como era en el principio, ahora y siempre, por los si-glos de los siglos. Amén.

SEXTO DÍA

Querido Judas Tadeo, tú que desde el cielo cuidas que las causas imposibles contigo no sean perdidas. Ya en tus manos he puesto el problema que fatiga, ahora llamo a la calma que aclara e ilumina. A los humanos no es dado poner ojos al futuro, pero contigo a mi lado, apacible me aventuro. Que eso que tú dictes, que eso venga y sea, que suceda lo mejor aunque ahora no lo vea.

Padre Nuestro, que estás en el cielo, santificado sea tu nombre; venga a nosotros tu reino; hágase tu voluntad, en la tierra como en el cielo. Danos hoy nuestro pan de cada día; perdona nuestras ofensas, como también nosotros perdonamos a los que nos ofenden; no nos dejes caer en la tentación, y líbranos del mal. Amén.

18

Dios te salve, María, llena eres de gracia, el Señor es contigo. Bendita tú eres entre todas las mujeres, y bendito es el fruto de tu vientre: Jesús. Santa María, Madre de Dios, ruega por nosotros, pecadores, ahora y en la hora de nuestra muerte. Amén.

Gloria al Padre, al Hijo y al Espíritu Santo. Como era en el principio, ahora y siempre, por los siglos de los siglos. Amén.

SÉPTIMO DÍA

Querido Judas Tadeo, tú que desde el cielo cuidas que las causas imposibles contigo no sean perdidas. Lo bueno puede estar detrás de lo doloroso, y aunque el trago sea amargo puede luego traer gozo. Bien abriré yo los ojos, atento a tus señales, para encontrar yo lo bueno que me dejen tus afanes. Tú sabes lo que es mejor, tú sabes lo que conviene, el futuro no me espanta, nada hay que a ti te frene.

Padre Nuestro, que estás en el cielo, santificado sea tu nombre; venga a nosotros tu reino; hágase tu voluntad, en la tierra como en el cielo. Danos hoy nuestro pan de cada día; perdona nuestras ofensas, como también nosotros perdonamos a los que nos ofenden; no nos dejes caer en la tentación, y líbranos del mal. Amén.

Dios te salve, María, llena eres de gracia, el Señor es contigo. Bendita tú eres entre todas las mujeres, y bendito es el fruto de tu vientre: Jesús. Santa María, Madre de Dios, ruega por nosotros, pecadores, ahora y en la hora de nuestra muerte. Amén.

Gloria al Padre, al Hijo y al Espíritu Santo. Como era en el principio, ahora y siempre, por los siglos de los siglos. Amén.

OCTAVO DÍA

Querido Judas Tadeo, tú que desde el cielo cuidas que las causas imposibles contigo no sean perdidas. Ciencia tienes, santo mío, para manejar periodos, para calibrar el peso, para hallar al caso modo. En tus manos mi futuro, en tus manos mi destino, mi corazón se ha calmado encarando lo divino. Siento que la claridad va tocando a mi puerta, lo mejor ha de llegar aunque ahora no lo vea.

Padre Nuestro, que estás en el cielo, santificado sea tu nombre; venga a nosotros tu reino; hágase tu voluntad, en la tierra como en el cielo. Danos hoy nuestro pan de cada día; perdona nuestras ofensas, como también nosotros perdonamos a los que nos ofenden; no nos dejes caer en la tentación, y líbranos del mal. Amén.

Dios te salve, María, llena eres de gracia, el Señor es contigo. Bendita tú eres entre todas las mujeres, y bendito es el fruto de tu vientre: Jesús. Santa María, Madre de Dios, ruega por nosotros, pecadores, ahora y en la hora de nuestra muerte. Amén.

Gloria al Padre, al Hijo y al Espíritu Santo. Como era en el principio, ahora y siempre, por los siglos de los siglos. Amén.

NOVENO DÍA

Gracias, querido San Judas, por la ayuda recibida, lo imposible es posible por tu gloria imbatida. Tú que no has dudado en aprietos darme auxilio, escucha hoy mi promesa como en sagrado concilio. Tu luz se ha hecho en mí y yo seguiré tu guía, a otros ayudaré cual si fuera causa mía. Que se haga la hermandad, de la gente que se ayuda, de quien tiene el corazón con la huella de San Judas.

Padre Nuestro, que estás en el cielo, santificado sea tu nombre; venga a nosotros tu reino; hágase tu voluntad, en la tierra como en el cielo. Danos hoy nuestro pan de cada día; perdona nuestras ofensas, como también nosotros perdonamos a los que nos ofenden; no nos dejes caer en la tentación, y líbranos del mal. Amén.

24

Dios te salve, María, llena eres de gracia, el Señor es contigo. Bendita tú eres entre todas las mujeres, y bendito es el fruto de tu vientre: Jesús. Santa María, Madre de Dios, ruega por nosotros, pecadores, ahora y en la hora de nuestra muerte. Amén.

Gloria al Padre, al Hijo y al Espíritu Santo. Como era en el principio, ahora y siempre, por los siglos de los siglos. Amén.

ORACIÓN FINAL

Reverenciado San Judas Tadeo en este momento yo te ruego que me des tu protección, para que con tu ayuda cambie mi condición. Te dedico esta novena con todo el respeto y a tu mandato me mantendré sujeto. Adorado Señor con valor soportaste el suplicio, yo te pido con amor me des fuerza en esta ocasión. San Judas Bendito ilumíname para que no me domine la pasión. Dame la pauta para resolver este asunto por completo. Divino Santo de gran sabiduría tú eres perfecto.

Padre Nuestro, que estás en el cielo, santificado sea tu nombre; venga a nosotros tu reino; hágase tu voluntad, en la tierra como en el cielo. Danos hoy nuestro pan de cada día; perdona nuestras ofensas, como también nosotros perdonamos a los que nos ofenden; no nos dejes caer en la tentación, y líbranos del mal. Amén.

Dios te salve, María, llena eres de gracia, el Señor es contigo. Bendita tú eres entre todas las mujeres, y bendito es el fruto de tu vientre: Jesús. Santa María, Madre de Dios, ruega por nosotros, pecadores, ahora y en la hora de nuestra muerte. Amén.

Gloria al Padre, al Hijo y al Espíritu Santo. Como era en el principio, ahora y siempre, por los siglos de los siglos. Amén.

27

Papá Dios: que tu sabi-duría nos guíe; que tu luz ilumine nuestro camino; que tu amor nos de paz; que tu poder nos proteja, y que por donde quiera que caminemos, tu presencia nos acompañe. Gracias Papá Dios que ya nos oís-te. Amén.

www.ingramcontent.com/pod-product-compliance
Lightning Source LLC
Chambersburg PA
CBHW070635150426
42811CB00050B/313